Los deportes son divertidos

Escrito por Michael K. Smith
Adaptación al español por Rubí Borgia

A Division of Harcourt Brace & Company

www.steck-vaughn.com

Jugamos béisbol.

Jugamos fútbol.

Jugamos fútbol americano.

Jugamos hockey.

Jugamos baloncesto.

Jugamos tenis.

Los deportes son divertidos.